Loi n°49-956 du 16 juillet 1949 sur les publications destinées à la jeunesse, modifiée par la loi n°2011-525 du 17 mai 2011.

© 2023 Macha Nicolardot
Édition : BoB - Books On Demand, info@bod.fr
Impression : BoD - books On Demand, In de
Tarpen 42, Norderstedt (Allemagne)
Impression à la demande
ISBN : 978-2-3220-1070-7
Dépôt légal : Avril 2023
Tous droits réservés

Mes dessins du chapelet

Cet album appartient à ....

Dans un modeste village français, à Pontmain, la Sainte Vierge est apparue le 17 janvier 1871 et a inscrit dans notre ciel un message pressant d'amour :

"Mais priez mes enfants!"

Quelle stupeur et quel appel!

La Sainte Vierge aime demander la prière des enfants parce qu'elle touche spécialement le Coeur de son Fils Jésus.

Avec le chapelet, nous prions Marie à travers les grands moments et les grands mystères de la Foi catholique. Avec Marie, nous adorons Jésus et nous vivons avec Lui.

Que ces dessins soient une occasion d'entrer dans la prière du chapelet et de passer du temps avec Jésus!

1er Mystère Joyeux : L'Annonciation de l'Ange Gabriel à la Vierge Marie

2e Mystère Joyeux : La Visite de la Vierge Marie à sa cousine Élisabeth

3e Mystère Joyeux : La naissance de Jésus dans la grotte de Bethléem

4e Mystère Joyeux : Jésus est présenté au temple par Marie et Joseph

5e Mystère Joyeux : Le recouvrement de Jésus au temple

1er Mystère Douloureux : L'agonie de Jésus à Gethsémani.

2e Mystère Douloureux : La flagellation de Jésus

3e Mystère Douloureux : Le couronnement d'épines

4e Mystère Douloureux : Le portement de la Croix

5e Mystère Douloureux : Jésus est crucifié et meurt sur la Croix

1er Mystère Glorieux : La Résurrection de Jésus

2e Mystère Glorieux : L'Ascension de Jésus au ciel

3e Mystère Glorieux : La Pentecôte

4e Mystère Glorieux : L'Assomption de Marie au Ciel

5e Mystère Glorieux : Marie est couronnée Reine du ciel et de la terre

1er Mystère Lumineux : Le Baptême de Jésus dans le Jourdain

2e Mystère Lumineux : Les noces de Cana

3e Mystère Lumineux : L'annonce du Royaume de Dieu et l'invitation à la conversion

4e Mystère Lumineux : La transfiguration

5e Mystère Lumineux : L'institution de l'Eucharistie

Mes dessins du chapelet
Dessin : Macha Nicolardot
Édité en France par BoD, 2023
Tous droits réservés

SUIVEZ-NOUS SUR

- LES DESSINS DU DIMANCHE - COLORIAGES CHRÉTIENS
- DESSINS DE MACHA